PREMIÈRES LEÇONS

DE

LECTURE,

MÉTHODE

APPLICABLE A TOUS LES MODES D'ENSEIGNEMENT,

PAR L. FRÉTILLE,

ÉLÈVE DE L'ÉCOLE NORMALE PRIMAIRE DU GARD,
Auteur de plusieurs ouvrages pour l'instruction élémentaire.

TROISIÈME ÉDITION.

REVUE ET AMÉLIORÉE.

Prix : { broché, **35** centimes.
cartonné, **40** centimes.

NIMES,

LIBRAIRIE DE L. GIRAUD,

Boulevard St.-Antoine.

1852.

PREMIÈRES LEÇONS

DE

LECTURE,

MÉTHODE

APPLICABLE A TOUS LES MODES D'ENSEIGNEMENT,

PAR L. FRÉTILLE,

DIRECTEUR DE L'ÉCOLE NORMALE PRIMAIRE DU GARD,

Auteur de plusieurs ouvrages pour l'instruction élémentaire.

TROISIÈME ÉDITION,

REVUE ET AMÉLIORÉE.

Prix : { broché, 35 centimes.
{ cartonné, 40 centimes.

NIMES,

LIBRAIRIE DE L. GIRAUD,

Boulevard St.-Antoine.

1852.

BESANÇON, IMPRIMERIE D'OUTHENIN CHALANDRE FILS.

PREMIÈRES LEÇONS

DE

LECTURE.

PREMIÈRE LEÇON [1].

Voyelles à apprendre.

a è é i o e u

eu

ê

Voyelles mêlées.

o é a è u ê i e a o è i e

u é a ê e o u è i ê é

[1] La manière d'appliquer ces Leçons est indiquée sur les Tableaux de la Méthode.

DEUXIÈME LEÇON.

Consonnes à apprendre.

p f c t b v g d

Consonnes mêlées.

c v f g p d t b d g v b
t c f p

RÉCAPITULATION.

t o b i v è p u g e f
a d ê c é

TROISIÈME LEÇON.

Consonnes à apprendre.

s r l m n j z

Consonnes mêlées.

z j n m l r s z n j m s r l

RÉCAPITULATION.

s u m é j o p c v a è n
t e g f i z r ê d b l

QUATRIÈME LEÇON.

Syllabes à son final.

pa	pé	pi	po	pe	pu
fa	fé	fi	fo	fe	fu
ca	»	»	co	»	cu
ta	té	ti	to	te	tu
ba	bé	bi	bo	be	bu
va	vé	vi	vo	ve	vu
ga	»	»	go	»	gu
da	dé	di	do	de	du
sa	sé	si	so	se	su
ra	ré	ri	ro	re	ru
la	lé	li	lo	le	lu
ma	mé	mi	mo	me	mu
na	né	ni	no	ne	nu
ja	jé	»	jo	je	ju
za	zé	zi	zo	ze	zu

CINQUIÈME LEÇON.

Mots à terminaison masculine.

ami	rôti	vanité
boa	zéro	figuré
ému	doré	vérité
duo	déjà	périra
zoé	nafé	timoré
élu	gala	jubilé
papa	revu	toléré
coco	pâté	domino
joli	salé	devenu
fini	vêtu	nébulé
silo	menu	sûreté
daté	lama	numéro
béni	fólio	député
sofa	ruiné	favori
zizi	pitié	bariolé
café	nudité	ratafia

SIXIÈME LEÇON.

Mots à terminaison féminine.

âme	fumée	mère
lune	manie	carafe
pipe	bévue	banane
note	folie	volume
dupe	jetée	famine
mule	suite	pilote
fête	alène	serine
tôle	fiole	jujube
sève	tuile	sonate
lime	école	parole
bure	avare	carême
rive	idole	danube
zone	bile	anémone
rude	sévère	rivière
lobe	sirène	poterie
gaze	figure	tanière

rame	janicule	zizanie
père	ride	parabole
tare	zèle	ridicule
robe	pilule	jérémiade

SEPTIÈME LEÇON.

Majuscules à apprendre.

a b c d e é f g i j l
A B C D E É F G I J L

m n o p r s t u v z
M N O P R S T U V Z

Majuscules mêlées.

G M R C B U D Z A É N
V F L T I E S E D M P
G R U O B A E J N F L T

Syllabes à majuscule initiale.

Pa Je Bé Li Co Ma Jé Le

Vu Sa L'é Fi Ta Gu Jo Re
L'a No Ca Pi Zo Ja La Ju

HUITIÈME LEÇON.

Phrases détachées.

Le zébu rumine. La fumée s'élève. Papa ira à Rome. Je râpe une rave. Tobie a été à Gaza. Irénée a bu du café. La lune se lève déjà. L'âne va à l'écurie. La vanité sera punie. Sa piété m'a édifié. Remi pilera du cacao. La cane va à la rivière. Julie a sali sa jolie robe. Le pilote a vu la sirène. Je pèle une banane. Adèle a une petite amie. Nicole lavera sa figure. Ma mère a été malade. Le zéro a la figure de l'o. L'été a ramené la famine. Jérôme a jeté une tuile. Marie a salé le macaroni. Coralie a été à la fête. Valérie a vu la capitale.

—

NEUVIÈME LEÇON.

L'agate est dure. La rive est unie. La carafe est sale. Ta farine est fine. La sole est cuite. Ta pâte est levée. La zibeline est jolie. Ta poterie est fine. Sa cabane

est à côté du café. La bate-
lière a égaré sa rame. Je
note la rue et le numéro.
Le météore a duré une mi-
nute. Aline a vu la parure
de sa mère. Noémi étudie
le duo de piano. Marie a
une jujube et une olive.
Sara est le modèle de l'é-
cole. Noémi a gâté sa pèle-
rine de gaze. Irénée polira
la topaze. La vérité est une
lumière divine. Emilie a
tiré la serine de la volière.
Caroline a une tulipe et
une anémone. Papa amè-
nera Adèle à l'école sa-
medi. Amédée a bu du
malaga et du ratafia.

DIXIÈME LEÇON.

Syllabes à son initial.

ab	ac	ad	af	ag	Al	ap
		Ar	as	at		
eb	Ec	ed	ef	Eg	el	ep
		er	es	et		
ib	ic	id	If	ig	il	ip
		ir	is	it		
Ob	oc	Od	of	og	ol	op
		or	os	ot		
ub	uc	ud	uf	ug	ul	Up
		ur	us	Ut		

ONZIÈME LEÇON.

Aod	suif	fier	naïf
miel	acte	juif	Agde

Albe   cuir   orné   Ostie
Noël   maïs   duel   Etna
Bias   Joad   ossu   Gael
fuir   Saül   Léar   Irma
ignée   armure   miasme
obéir   espéré   mémorial
aloès   erroné   illuminé
obtenu   arboré   arbalète
aptère   Sieste   escarole
orbite   laïc   Ecbatane
Ursule   Dieppe   allodial
optimé   Manuel   albumine
Azaël   illimité   illégalité
astérie   Elvire   octogone
joliette   obsédé   alléluia
affinité   alcool   irrégulière
diurne   relief   attitude
absolu   égoïsme
radius   alvéole

DOUZIÈME LEÇON.

Phrases détachées.

L'été mûrira le maïs. La ruelle est sale. Arsène fera la sieste. Fidèle est ergoté. Octave a dû obéir. Le boa te fera fuir. Amédée est naïf. Elvire a su la sonate. Il a effilé l'étamine. Papa est allé à Agde. La figure a du relief. Ma mère arrivera à Noël. Sa fierté est ridicule. Jérôme se fera ermite. Le curé va dire alléluia. Léar a une armure dorée. Albine a lavé une escarole. Le malaga est estimé. Elle a vu Albe et Ostie. Elvire m'a obsédé. Je rêve à ma petite Irma. Jérôme a évité le duel. Le Suisse a

assuré sa cabane. Elle est occupée
à lire. Il a une mine efféminée. Lia
est une petite Israélite. Joas a dû
la vie à Joïada.

TREIZIÈME LEÇON.

Valère a du mérite, il réussira.
Armide a irrité Fidèle. Zélie ad-
mira une urne d'agate. Marie tire
le fiel de la cane. Le Juif égaré
adora Bélial. Amédée fera une taba-
tière de cuir. Samuel a abjuré le
judaïsme. René illumine sa galerie.
Elle ôtera le suif de sa robe. La
dureté de l'égoïste sera punie.
Pierre est poli, il salue madame.
Arsène a une topaze et une asté-

rie. Le malade a avalé une pilule d'aloès. Sa ruine est due à sa vie irrégulière. Ursule a paru émue; elle si timide! Albine a une capote ornée d'une tulipe. Papa a lu le manuel; il lira le mémorial. Ismène a une estafilade à sa robe. Émile a une arme appelée arbalète. Octavie est active, elle a fini sa pelote.

—

QUATORZIÈME LEÇON.

Syllabes à son médial.

rif	lus	bir	cus	jor	zig
tor	vas	nup	ric	fas	dal
zag	gor	dog	til	buf	lit
tic	mos	dir	rad	mir	mis
doc	sif	jac	tis	zar	dis

cop	tal	noc	sis	jar	dip
nal	nos	tur	sor	nic	tar
sul	dic	mar	rir	los	dar
nig	vir	dac	sar	tol	rap
tif	loc	nit	gol	tas	fac
bab	sor	lar	ful	Bag	Dop
Fir	Gut	Mul	Nir	Pas	Zos

QUINZIÈME LEÇON.

gus	nac	rol	sir	lic	cul
vac	ral	bur	sup	soc	ras
zur	dif	mic	bar	bas	vic
sog	mas	sas	for	dig	rac
lid	lor	nor	lir	las	cas
nis	far	rup	fic	vis	gar
mac	sub	rit	ris	cob	til
sal	tac	fur	gal	vos	sos

pac nas sus pol tir dor
pus cos nif pul por toc
fol Zir Rus Pos Nar Mor
Lap Jus Gas Fal Dul Bus

SEIZIÈME LEÇON.

pec pes tec rep des ser
pel ter del per tes dep
lec ber seg ves fec vec
sep der res nel vel rec
rel nep nes mel zes ner
bel jec nec suc roc bec
col pic car fer cap mur
sec par vil dot pur bal
mer cor sud mal vif lac
dur bol fil ver sur sac
nul sel pic vol nef juc

sol   soc   Luc   Var   Nil   Job
Gap   Lot   bac   tel   mil

DIX-SEPTIÈME LEÇON.

Avec	Vocal	Babel	ibis
julep	jalap	azur	rural
Tunis	resta	calus	garus
fardé	aspic	tapir	borne
dette	estoc	Jacob	dogme
polir	major	larme	vizir
bazar	lesté	pacte	subir
rébus	colza	fatal	viril
zeste	docte	tarir	Titus
palmé	dardé	cornac	tardif
dervis	garnir	bursal	Castor
nectar	partir	fictif	dormir
furtif	Carmel	Victor	vesper

mastic   zigzag   micmac   sortir
pastel   postal   calcul   captif
pistil   gaster   rappel

DIX-HUITIÈME LEÇON.

Pascal	Vistule	arsenic
reptile	agaric	réussir
gorgone	inepte	détesté
dispute	éperdu	bascule
baobab	Albinos	dictame
similor	sardine	adepte
lecture	falbala	gavotte
Calvados	virgule	fumiste
sulfuré	objecté	jardinal
pulsatif	Gustave	luzerne
Portugal	volupté	effectif
néfaste	Septime	assisté

rupture   lézardé   victime
artiste   nervure   muscade
littéral   adopté   funeste
Eternel   facture   énigme
carnaval

DIX-NEUVIÈME LEÇON.

pectoral   reverdir
bistorte   corvette
suspecte   nocturne
raffermir   Léonidas
destinée   velléité
Varsovie   portière
marcotte   rapsodie
subversif   Moscovie
segmoïdal   volubilis
fermeture   gargarisme
affirmatif   palmipède

difficulté — terrorisme

barcarolle — festivité

Télescope — cosmogonie

cataracte — estafette

Valladolid — betterave

multiforme — perfectibilité

surnaturel

—

VINGTIÈME LEÇON.

Phrases détachées.

Adore l'Eternel. L'or est ductile. Le mastic est dur. L'orme va reverdir. L'arsenic est mortel. Victor a lu la gazette. L'île est escarpée. Le bal va finir. La partie est nulle. Zélie étudie le calcul. Le jalap est purgatif. Le baobab est colossal. Le fer se tire de la terre.

Le remède est pectoral. Jacob lira le talmud. La lecture est utile. La peste est à Tunis. Il cultive la betterave. Ma sardine est salée. L'étoffe est mal jaspée. Ferme la porte du bazar. Reborde ta jupe verte. Le julep a calmé le malade. Il a escamoté la muscade. Victor a mérité la palme. Le caporal garde le poste. Luc a vu le bel agaric. L'ibis a tué le reptile. Adélaïde lira le verbe. La bécasse vole sur le lac. Barnabé est à la bascule. Arsène porte le sac de cuir. Le castor est vif et leste.

VINGT-UNIÈME LEÇON.

L'artiste va polir le piédestal.

La rivière est à sec ; le bac est sur la rive. Septime a vu l'animal fossile. Pascal verra la cataracte du Niagara. Le reste de la canine est sorti de l'alvéole. Le canif de Gustave est joli. Duval a vu Mercure et Vénus avec le télescope. La jardinière a perdu sa serpette. Gustave tua une énorme tortue. L'estafette passera par la ville. Ernestine lave le tulle de sa collerette. Il fera une natte de fil d'ortie. La mer borne le Portugal. Barnabé ramène la mule à la luzerne. Le fumiste a arrêté la fumée. Sa marmotte passe sa vie à dormir. Septime devinera le rébus et l'énigme. Ursule assista mardi à la messe. Le similor lui

a paru de l'or pur. Victorine passera le carnaval à Gap. Azor a
mordu Martine. Le volubilis servira à garnir ta capote.

———

VINGT-DEUXIÈME LEÇON.

Articulations doubles.

pr fr cr tr — br vr gr pr

pl fl cl   bl   gl

sp   sc st

Articulations mêlées.

sp bl dr fr br pl vr cl

st gl cr fl pr sc gr tr

cl vr sp pl fr bl cr sc

gl dr gr br fl   pr tr st

———

1*

VINGT-TROISIÈME LEÇON.

Syllabes formées d'une articulation double et d'une voyelle.

pra	pré	pri	pro	pre	pru
fra	fré	fri	fro	fre	fru
cra	cré	cri	cro	cre	cru
tra	tré	tri	tro	tre	tru
bra	bré	bri	bro	bre	bru
vra	vré	vri	vro	vre	vru
gra	gré	gri	gro	gre	gru
dra	dré	dri	dro	dre	dru
pla	plé	pli	plo	ple	plu
fla	flé	fli	flo	fle	flu
cla	clé	cli	clo	cle	clu
bla	blé	bli	blo	ble	blu
gla	glé	gli	glo	gle	glu
spa	spé	spi	spé		spu

| sca | | | sco | | scu |
| sta | sté | sti | sto | | stu |

VINGT-QUATRIÈME LEÇON.

Drapé	Blâme	Nègre	Grue
zèbre	frôlé	blème	cruel
stade	globe	vivra	grief
grève	cadre	store	fluor
navré	brief	jable	drôle
sabré	brame	trope	glèbe
livré	stère	plume	sobre
flétri	blocus	Fréjus	filtré
pâtre	frémir	malgré	trèfle
spinal	criblé	trafic	gravir
tordre	brunir	sarclé	perdre
frugal	dartre	glabre	gratis
sifflé	granit	brutal	coffre
spiral	florès	glapir	mordre

VINGT-CINQUIÈME LEÇON.

scorie	globule	stipule
druide	cravate	spéculé
brocoli	périple	Aglaé
stibié	crudité	stupide
pluvial	scalène	brigade
floréal	spatule	praline
diplôme	Locride	cromorne
décliné	proclamé	prunelle
octobre	truelle	promesse
bluette	flagorné	sublime
madrigal	cloporte	trapèze
traverse	clubiste	crevette
aplanir	prévôtal	doctrine
criminel	placardé	tracassé
illustré	bretelle	mercredi
fraternel	productif	pronostic

VINGT-SIXIÈME LEÇON.

espiègle   écrevisse   pléiade
idolâtrie   draperie   spirituel
scarabée   gazolitre   primevère
broderie   stérilité   récréatif
simulacre   sobriété   glutinatif
agronome   clarinette   baromètre
madrépore   irrévocable   stupidité
malléable   tablature   capricorne
administré   projectile   propriété
gastronome   agriculture   crépuscule
pléonasme   stalactite

VINGT-SEPTIÈME LEÇON.

Le tigre est cruel. Le criminel sera puni. La propreté est une vertu. L'aspic sifflera. Le platine est malléable. Octavie ferme le parapluie. Pierre gravira sur l'orme. Notre porte ferme à clé. La flanelle se retire. Victor a perdu sa truelle. Sa brutalité sera blâmée. Je prépare la fricassée. Le mur de clôture est lézardé. Le lustre est allumé. Marie râcle la table. Le carrosse traverse la rue. Le pâtre est frugal. Septime brûle de l'alcool. Irma filtre le ratafia. Zélie a su sa fable. Gabrielle se livre à l'étude. La grêle va détruire la récolte. La draperie est brodée. Arsène est sobre et actif. Le trimestre va finir. Elle se promène sur le lac. La prunelle est âpre. Uranus est une planète.

Votre remède est stomacal. Stanislas tua la spatule.

—

VINGT-HUITIÈME LEÇON.

La Bible est sublime. Le reptile a sifflé. Juliette a attrapé le capricorne. Le nègre est idolâtre. Le fifre est une flûte. Septime réussira, s'il persiste. La praline est sucrée. Sa primevère est flétrie. Le tigre te fera frémir. Ma prune est mûre. Le prêtre brûle la victime. Le zèbre rue. Pierre a le coffre de frêne. Il va gratis à l'école. Aline a tenu sa promesse. Le platane servira d'abri. Lazare sarcle le carré. Zoé cuira le brocoli. La stalactite est dure. Fidèle mordra Aline. Aglaé est vive et espiègle. Gustave glane du blé. Le mètre cube est appelé stère. Clotilde dessine la gazelle. Le crocodile sortira du Nil. Le buffle est stupide. Le cadavre est sur la grève. Je sème du trèfle. L'économie triplera ta fortune. L'agronome s'occupe d'agriculture.

VINGT-NEUVIÈME LEÇON.

Phrases détachées.

La crevette est une petite écrevisse. Le druide s'est servi d'une serpe d'or. Le dervis a terminé sa prière. Ma cabane est abritée par la colline. La belle Juive délivra sa patrie. La grive est plumée et le lièvre rôti. Duval écrira avec une plume de grue. Jette la criblure du blé. Le brave a gravi sur le mur de la forteresse. Emile fera une statue de marbre. J'admire la gravure de ta Bible. La grenade est une sorte de projectile. La gloriole lui fera perdre la tête. L'armée fera le blocus de la ville. Il râcle le socle de granit. Le tartre stibié est purgatif. Clotilde mettra de la carotte sur sa brûlure. Stanislas m'assure de sa gratitude. Votre frère partira à la mi-octobre. Il s'occupe de lecture et de calcul. Barnabé a une dartre à la figure. Frédéric est affable et spirituel. L'artiste a une clarinette d'ébène. Ta luzerne est productive.

TRENTIÈME LEÇON.

Syllabes formées d'une articulation double suivie d'une voyelle et d'une consonne.

blas	cros	flic	fruc
bral	vres	scar	plir
dras	crus	blir	dres
brup	gros	clas	frus
trir	scor	gret	flas
crip	tros	fleg	spar
fred	drir	blic	clar
stel	trec	spas	tric
prag	tral	ster	cral
spec	vris	fric	grir

plas	gres	bris	tras
tris	fluc	sper	brac
stig	fres	scal	bles
pros	grif	flac	cler
bres	trel	brus	flos
pris	clip	gref	vrir
frag	trac	clec	frir
trip	bras	drid	flec
tres	pres	froc	brut
broc	stuc	bref	stil
troc	bric	frac	bloc
grog	stoc	spic	crac
Grec	croc		

TRENTE-UNIÈME LEÇON.

Prisme, clarté, greffe, grotte, escroc, Bresse, Alfred, plissé, astral, offrir, public, Sparte, Bristol, mistral, scalpel, cristal, rostral, trictrac, éclipse, ivresse, blessure, arbitral, agreste, repétrir, glissade, fressure, attristé, stigmate, décrotté, tablette, rétracté, griffade, oppressé, prescrire, fracture, crossette, fructidor, bric-à-brac, brasserie, flatterie, anévrisme, prospérité, fructifère, scarlatine, diamétral, prussiate, Triptolème, réflective, regrettable, trotte-menu, iconoclaste.

TRENTE-DEUXIÈME LEÇON.

Grappe, flegme, brosse, Dresde, Esdras, spasme, Madrid, pétrel, frappe, glotte, grossir, lustral,

frotté, Prosper, spectre, frustré,
flic-flac, abrupte, éclisse, brassée,
albatros, crassane, scalvine, tris-
tesse, fracturé, établir, détressé,
égrappé, bupreste, spergule, mé-
nestrel, négresse, prosterné, sé-
pulcral, afflictif, spectacle, trap-
piste, prospectus, descriptif, Spar-
tacus, agressif, rétractile, sacris-
tine, vertébral, cataplasme, éclec-
tisme, microscope, agrostème,
fructiforme, prescriptible, scorsonère.

TRENTÈ-TROISIÈME LEÇON.

Phrases détachées.

L'arbre est greffé. Le trictrac
est récréatif. Sa blessure est mor-

2

telle. Il frappe à la porte. Ma
brosse est rude. La pluie m'at-
triste. Le tigre a blessé Alfred.
Zoé va pétrir sa pâte. La trappe
est fermée. Prosper a bu du grog.
Stanislas verra l'éclipse. Le malade est oppressé. La diète a été
prescrite. Le prospectus est pla-
cardé. Votre frac est râpé. Votre
verre est de cristal. La classe fi-
nira à midi. Emilie fera le cataplasme. Sa grossièreté m'a déplu.
Estelle râpera une scorsonère. Le
duc est revenu de Dresde. Gustave a la cuisse fracturée. Il a
une brasse de corde. Le garde a
attrapé l'escroc. La frégate va
grossir la flotte. [illegible]
[illegible]

clarté de la lune. Le flegme de Victor te crispera. La truie a déterré une truffe. L'albatros vole sur la mer. Le prêtre va sortir de la sacristie.

TRENTE-QUATRIÈME LEÇON.

Julie décrotte sa robe de mérinos. Le bupreste a volé sur ma fenêtre. Prosper est né à Bristol. Le bloc de marbre fera une belle statue. Marie fricassera la fressure. Le Grec a revu Sparte, sa patrie. Nicole frottera la marmite. Gabrielle fera une tresse de fil d'or. Elisa brosse le canapé. La culture du blé est due à Triptolème. Pascal étudie le livre d'Esdras. De bric et de broc il a grossi sa fortune. Stanislas a la fièvre scarlatine. Le spectre a levé la pierre sépulcrale. Ernestine va à la grotte de l'ermite. Gustave va vernir la tablette de frêne. Frédéric regrette sa ville natale. Alfred fera du coco avec sa réglisse. Aline plumera le pétrel. L'anatomiste opère avec le scalpel. Octave observe une mite avec le microscope. La mère de la mulâtresse est une négresse.

TRENTE-CINQUIÈME LEÇON.

Sons et articulations simples représentées par deux lettres. — Sons doubles ou diphtongues.

ou   an   in   on   un   ch   gn   oi   oin

Sons et articulations mêlés.

un oi gn ou oin an ch in on an un oi
ou oin ou in ch on gn Oi An Ou In Un
Ch Oin gn

TRENTE-SIXIÈME LEÇON.

Syllabes formées des sons et des articulations qui
précèdent.

cho, lun, zin, noi, rou, can, vou, min,
lou, gne, jan, bun, chi, gan, cha, zou,
dan, mun, gni, rin, san, chu, jon, nan,
zon, von, ché, gno, bin, fun, lan, ron,
din, voi, man, sin, gna, zan, gon, tin,
ran, nin, boi, pon, jou, dun, lon, fan,
joi, tou, cun, doi, gnu, che, tun, poi,
gou, fon, bou, gné, dou, nou, non, pan,
foi, lin, soi, don, roi, pin, vin, loi, sou,
moi, ban, son, mou, tan, mon, fin, bon,
pou, ton, van, toi, cou, coi, fou.

TRENTE-SEPTIÈME LEÇON.

flon, broi, blou, vran, frin, gloi, plin,
gnan, cloi, plon, chin, prun, gran, choi,
blin, croi, poin, moin, prin, vron, gnoi,
troi, chan, blon, gran, join, pran, bron,
dran, fron, proi, tran, dron, glou, trin,
droi, blan, bran, grou, ploi, gron, glon,
tron, fran, pron, froi, glan, gnon, crou,
chon, prou, spon, clon, scan, clou, loin,
flan, clin, coin, brun, brin, soin, clan,
foin, plan, chou, cran, brou, flou, trou.

TRENTE-HUITIÈME LEÇON.

Lion, joué, serin, Robin, boîte, canon,
cloué, gazon, lundi, poivre, soupir, dindon,
soigné, goître, moitié, ignare, alezan, jonglé,
chérir, canezou, million, soirée, gondole,
toiture, rognure, défunte, louable, ouragan,
éloigné, poularde, lanterne, fanfaron, bra-

voure, dormante, pantalon, esclavon, noirâtre, servante, poitrine, escarpin, Issoudun, montagne, superfin, cabestan, voiturin, grignoté, brouette, sifflante.

TRENTE-NEUVIÈME LEÇON.

Barbon, Martin, balcon, Cantal, provin, carton, Toulon, sandal, double, bassin, foudre, marché, Loudun, chacun, dragon, consul, Alban, tribun, bronze, étroite, glandule, éblouir, droiture, vibrante, mâchoire, jointure, scandale, prouesse, étranglé, scorpion, vanterie, incrusté, spontané, refroidir, parachute, couverture, fondrière, charitable, jonglerie, convulsif, gronderie, oppression, machiniste, stimulante, pontifical, archevêché, ignominie, acrostiche.

QUARANTIÈME LEÇON.

Groupe, Dublin, patron, déclin, tringle,

grondé, recoin, cresson, mignon, frontal,
nerprun, mouflon, chagrin, Fanchon, poltron, poindre, glouton, blondin, plastron,
spadassin, bronchade, grognante, accroître,
fringante, boulingrin, clandestin, blanchâtre,
tranchefil, amoindrir, tringlette, choucroûte,
progression, gouvernante, approfondir, plan-
tigrade, affranchira, trouble-fête, échan-
crure, croupissante.

QUARANTE-UNIÈME LEÇON.

Phrases détachées.

Le mouflon rumine. La pistache est verte.
Le Cantal est une montagne. La poule pondra.
Le pélican est un palmipède. La louve étrangla
la biche. Je tue un scorpion. Maman a grondé.
Chacun se gouverne à son gré. Le cochon
grogne. Il est sale et glouton. Albin grignote
un croûton. Sa chocolatière est trouée. La
virgule a été oubliée. Son col est échancré.
Ma cavale est fringante. Il affranchira sa lettre.

L'écrou est sorti de la vis. La marche est étroite. Alfred détache sa manche. Prépare la choucroûte. Votre brouette roule mal. André joue une valse. Le poltron vante sa bravoure. La tringle appuie sur le piton. L'ânon se roule sur le boulingrin. Le dragon rejoindra la troupe. Clotilde porte un jupon de satin. Eloi refera la pointe du clou. Albin a poli la planche de sapin. Gustave a coupé un brin d'avoine. Julie a un canezou de soie jaune. Barnabé arrache le chanvre femelle.

QUARANTE-DEUXIÈME LEÇON.

Madrid est la capitale de l'Espagne. Le bûcheron ébranche le chêne. Le bouchon du flacon est perdu. Martin appelle son mouton Robin. J'apporte la moutarde de Dijon. Azor a attrapé la moitié du foie. Daniel attache la botte de foin. La roue de votre voiture a une jante cassée. L'ouragan dévasta toute la contrée. Robin broute le gazon du jardin. La grotte se trouve non loin de la route. Firmin mettra un verre à sa lanterne. Ursule passe la soirée avec moi. Il ira à Frontignan le onze ou le douze juin. Alfred achète un flan à la crème. Ma propriété est éloignée de la ville. Octave coule un candélabre de bronze. Antoine chante la chanson nouvelle. André boira un carafon de vin. Ton oncle a monté son cheval alezan. Fanchon rôtira le dindon. Le vigneron plante la crossette. Voilà la marchande de cresson. Mon livre a une couverture de parchemin.

———

QUARANTE-TROISIÈME LEÇON.

Syllabes à consonne finale, formées de tous les sons et de toutes les articulations des Leçons précédentes.

Onc, our, Ins, Ans, oir, ouf, sour, gnol, ponc, foir, soup, nour, loir, sanc, souf, tinc, mous, gnac, cons, gois, lour, sous, bouf, Gour, chas, jonc, gnes, fons, rois, vour, moir, Rous, Bour, ches, chel, cous,

mons, touf, mour, chir, pous, coif, dour,
chif, chis, Mois, trans, crous, brous, vroir,
trous, glous, crois, gnar, cour, Char, noir,
Zinc, soir, Bouc, Toul, Jour, Soif, cher,
Voir, jour, Pour, chef, Loir, poil, Tour,
choc, choir, four.

QUARANTE - QUATRIÈME LEÇON.

Plioir, Rachel, amour, coiffe, manoir,
froissé, poisson, journal, roussir, chiffon,
dortoir, fournir, trousse, fermoir, nourrir,
ouvroir, poussin, cherché, moisson,
pourvoir, souffrir, pressoir, broussin, trottoir,
chasteté, ponctuel, Livourne, Espagnol,
alourdir, étouffoir, mouchoir, prévaloir,
gloussète, assourdir, souscrire, moustache,
instructif, distinctif, consterné, Armagnac,
reblanchir, ivrognesse, troubadour, paroissial,
gourmande, Manchester, affranchir, con-
jonctive, anarchiste, couvre-chef, Constantin.

transplanté, montagnarde, courte-pointe, tourterelle, éclaboussé, charcuterie.

QUARANTE-CINQUIÈME LEÇON.

Phrases détachées.

Le zinc est un métal. Zani est un bouffon. Juan parle espagnol. Toul est un évêché. La tourterelle roucoule. Le zéro est un chiffre. Epoussète l'armoire. Le journal est arrivé. La moisson sera belle. La course a été pénible. La chasteté est une vertu. Ta perte l'a consterné. Le bouc est le mâle de la chèvre. Le mur a été ébranlé par le choc. Robin broute une pousse d'arbre. Maman a ourlé son mouchoir. Le cognac nuira à votre santé. Le maréchal ferre le roussin. Siméon montre son bon vouloir. Léandre achète de la charcuterie. Le caporal a une grande moustache. L'Adour a inondé la vallée. Le poil du castor est recherché. Simon ramène le vin du pressoir. Voilà un bon cheval de labour. André va vernir du broussin d'érable. Le four à plâtre est allumé. Ma coiffe de mousseline est blanche. Agnès fera roussir l'ognon. On a oublié son étourderie.

QUARANTE-SIXIÈME LEÇON.

Le vigneron a vidé sa gourde. Le rossignol chante sur la branche. Voilà une boisson stimulante. Rachel fera la bouffette de ruban. Bourdaloue a prêché à la cour. La gourmande s'est brûlé la bouche. Le piéton a dû souffrir de la soif. Fanchette ôte l'arête du poisson. Antonin a ponctué sa dictée. Le fier baron retourne à son manoir. Polichinelle est armé d'un bâton. Agnès est morte de la fièvre pourprée. La brigantine va à Livourne. La poule glousse, elle appelle son poussin. Fanchon est une montagnarde. Manchester est une ville manufacturière. Anselme va blanchir l'alcôve. Un monstre marin est sorti du gouffre. L'ourse lèche son ourson. L'ouvrière a coupé le pantalon noir à contre-poil. Constantin a une bourse de soie. Ote le charbon de l'étouffoir. La marchande m'a montré une fourrure et un manchon.

QUARANTE-SEPTIÈME LEÇON.

Sons équivalents.

Sons mélés.

QUARANTE-HUITIÈME LEÇON.

Syllabes formées des sons précédents.

Tei, by, dau, sy, pai, neu, my, tai, rau, py, leu, bei, nau, j'ai, zy, veu, lai, sau,

meu, ly, sai, fau, ty, cai, sei, mau, dai, beu,
j'au, rei, deu, gau, reu, fai, vei, tau, cau,
pei, gly, vau, rai, seu, Cly, sty, deau, gneu,
chy, prai, frei, pry, meau, vreu, teau, blai,
preu, crai, greu, flai, dry, neau, chai, clai,
gry, plau, chau, creu, leau, trai, reau,
cheu, grai, trei, plai, fleu, bleau, brai,
treu, drai, nœu, pleu, frai, gneau, frau,
vreau, gleu, dreau. Peu, bai, Pau, gai,
bleu, vœu, mai, seau, feu, vrai, peau, beau,
jeu, veau.

QUARANTE-NEUVIÈME LEÇON.

Lyre, tyran, aucun, seize, Eurus, style,
leude, gruau, seule, maire, vairon, teigne,
daigne, Byron, Chypre, paître, pleine,
beuglé, fleuve, jumeau, Aiglon, fraude,
treize, sautoir, chaume, blaude, preuve,
pylore, bryone, prairie, émeuve, il faudra,
peuplade, jeunesse, douzaine, je sucrai,

maraudé, aveugle, scolaire, aigrette, vul-
gaire.

___

CINQUANTIÈME LEÇON.

Nouveau, taureau, Lautrec, agneau, bandeau, peignoir, drapeau, rajeunir, fronteau, autruche, pruneau, boisseau, Teutatès, chanteau, dynastie, j'aiderai, soudaine, Claudine, prytanée, applaudir, Beaucaire, louveteau, il pleuvra, je sarclai, je mourrai, baignoire, je marbrai, bâtardeau, saupoudré, lointaine, étourneau, bordereau, manœuvre, neutralité, sanctuaire, vaudeville, vasculaire, satisfaire, je rognai, verveine, bleuâtre.

___

CINQUANTE-UNIÈME LEÇON.

Trousseau, chevreau, perdreau, je troublai, chanteau, soustraire, baleineau, fleuriste, je soufflai, bigarreau, j'épinglai, migraine , abreuvoir , bécasseau , reinette , stéréotype , capsulaire , plaidoirie , jonchaie , synonyme , scapulaire , châtaigne , seigneurie , marjolaine , arbitraire , poitrinaire , rafraî- chir , septenaire , mauviette , secrétaire , volontaire , cauchemar , dromadaire , je répondrai , souterraine , Fontainebleau , je transmettrai , presbytère , pastoureau.

CINQUANTE-DEUXIÈME LEÇON.

Phrases détachées.

Le taureau beugle. L'ânon va braire. La jeunesse passe vite. Le fleuve a débordé. Ta laitue est amère. Il va pleuvoir. Ma châ- taigne est rôtie. Le dromadaire a une bosse. L'aveugle joue du violon. L'agneau cherche sa mère. Ton bigarreau est mûr. J'ai un jeune aigle chauve. Je transcrirai la fable. Maman a la migraine. L'émeraude est verte. Claude fauche sa luzerne. Le vicaire prêche jeudi. Je répondrai avec politesse. Papa chasse au blaireau. La topaze est jaune. Ta baignoire est pleine. Je mettrai un autre cadre à mon trumeau. J'ai un livre instructif. Zélie porte une plume d'autruche à son chapeau. Le bassin de la fontaine est à sec. Le vairon est un poisson de rivière. Le ruisseau baigne la prairie. La verveine est une plante odorante. Je sarclai une planche de cresson. Un glaive est une épée tranchante.

CINQUANTE-TROISIÈME LEÇON.

Prie Dieu matin et soir. La mariée aura un beau trousseau. On installe notre nouveau maire. La baleine est un énorme poisson. Médor a étranglé un louveteau. L'Europe est une partie du monde. Le nerprun est purgatif. Dévide un écheveau de fil noir. Rachel a blanchi son peignoir. La chaumière a été détruite par le feu. Ourle un rideau bleu. Le manœuvre monte à l'échelle. Je

mourrai pour ma patrie. La pastourelle va
faire paître son troupeau. André sème un
boisseau d'épeautre. Mon pruneau et sucré.
Eulalie écrira sur le tableau avec la craie.
J'irai à la foire de Beaucaire. Polycarpe prépare une peau de chevreau. Le frater a saigné
le malade. Le fleuriste t'a apporté un brin
de jasmin. Michel n'a pu soutenir l'épreuve.
Pauline est sortie pour se rafraîchir. Le Deu-
téronome est un livre de la Bible.

CINQUANTE-QUATRIÈME LEÇON.

*Suite et fin des Syllabes formées d'un son équi-
valent.*

Ais, eur, aug, eus, aus, syr, mys, deur,
jeur, cais, sys, neur, beuf, teur, rais, seur,
myg, nais, fcur, pyg, meur, faus, myr, veur,
teuf, vais, beur, cryp, syl, reur, clys, saur,
bleur, grais, vreur, claus, cheur, cleur,
dreur, ryl, chaus, gneur, mœur, gneul,
breur, gleur, greur, freur, Air, Tyr, œuf, leur,

seul, pair, Paul, veuf, Clair, pleur, bœuf, chair, fleur, peur, sauf, cœur, sœur, neuf.

CINQUANTE-CINQUIÈME LEÇON.

Râcleur, labeur, majeur, myrte, clameur, éteuf, Elbeuf, sabreur, austral, flaireur, greffeur, maigreur, aisselle, pygmée, brasseur, fraudeur, saussaie, éclair, baigneur, blancheur, couvreur, chausson, lourdeur, syllepse, jongleur, grandeur, doubleur, coiffeur, meurtrir, zélateur, épagneul, claustral, épaissir, chercheur, dégraissé, amaryllis, faussaire, chou-fleur, mystifié, amygdale, brocanteur, réchauffé, gouverneur, Bourganeuf, calandreur, belle-sœur, syllabaire, brouetteur, spoliateur, fournisseur, détracteur, souscripteur, renaissante, déchiffreur, monseigneur, constructeur, transgresseur, cataclysme.

CINQUANTE-SIXIÈME LEÇON.

Phrases détachées.

Votre blé est clair-semé. Le brasseur a fini sa bière. Le beurre va épaissir. Je serai seul toute la journée. Son col de crin est neuf. Brosse ton chausson. La servante a crié au meurtre. J'ai blanchi le chou-fleur. Le jour baisse. Mon cheval a peur de l'éclair. L'instituteur a grondé Paul. Ramène ta charrue, laboureur. Perrette laisse sa chèvre sur la colline. Son ami l'a délaissé. Agnès porte sa toile de lin au blanchisseur. La draperie d'Elbeuf est estimée. Ma sœur coupe une branche de myrte. Prosper me parle avec aigreur. Sylvestre chante au clair de la lune. La mousse est une plante cryptogame. Claire prie Dieu avec ferveur. Le tourneur te fera une boule et une toupie. Eustache joue à pair ou non. Le couvreur monte à la corde nouée. Le coiffeur te fera un chignon. Le graveur termine son dessin. La chair du perdreau est un peu sèche.

CINQUANTE-SEPTIÈME LEÇON.

L'épagneul jappe contre le colporteur. Sylvie a trouvé un œuf de fauvette. Ta belle-sœur conserve sa fraîcheur. Le chasseur poursuivra le lapin. Le notaire est un bon déchiffreur. Octavie pleurniche toute la journée. L'odeur de l'eau croupissante te fera mal au cœur. Abaisse le store de la fenêtre. Le chauffeur de la locomotive a la figure noire. Paul joindra son pasteur. Je porte ma robe de couleur au dégraisseur. Le moniteur est à son groupe. L'étourdi a faussé la serrure de la caisse. L'inspecteur a vu l'école primaire. J'ai une chaufferette doublée de tôle. Ton syllabaire est broché. Achille est un poltron; il a peur du bœuf. Claude verra le jongleur. L'air pur rétablira le malade. Zoé achète sa poupée à la marchande de bric à brac. La graisse du mouton servira à faire de la chandelle.

CINQUANTE-HUITIÈME LEÇON.

Sons nazals équivalents.

(an)   am   em   en

(in)   im   ein   ain   aim   yn   ym

(on)   om

(un)   um   eun

Sons mêlés,

ein, om, ym, em, ain, um, en, am, aim,
im, yn, eun, um, yn, am, aim, om, im,
eun, en, aim, yn, en, ein.

CINQUANTE-NEUVIÈME LEÇON.

Syllabes formées des sons précédents,

ten, lom, gam, len, tom, lim, rom, bom,
ren, sym, cam, som, fen, rem, sem, lam,
tim, sen, syn, ven, com, tym, vem, lym,
pom, pam, sem, nym, nen, tam, zem, pim,
tem, ram, jam, m'im, vam, pen, j'em, bam,

j'om, men, j'en, tein, n'im, cain, lain, j'im,
den, taim, mem, fein, dain, cham, taim,
chain, pren, rain, tren, saim, trom, grim,
trem, brim, flam, cram, trein, crain, fram,
plom, prein, zain, nom, faim, bain, plein,
sein, grain, vain, plain, gain, frein, nain,
train, sain, rein, jeun, daim, main, pain.

SOIXANTIÈME LEÇON.

Ambre, enjeu, syndic, pompon, bambin,
pampre, soudain, tympan, jambon, fendrai,
crampe, étain, nombre, enclin, trente, limpide, regrain, éreinté, ingambe, essaim,
Sylvain, encloué, alambic, embryon, symbole, Olympe, engaîné, bombarde, aug-
menté, impérial, lombaire, vendredi, novembre, membrane, dentiste, simplifié,
importun, ombrelle, teinture, lamproie,
simplesse, implanté.

SOIXANTE-UNIÈME LEÇON.

Flambé, sainfoin, tombeau, treizain, Simplon, lointain, dessein, Cambrai, rambour, lombric, remploi, ampleur, plainte, craindre, suzerain, contraire, plomboir, je renflai, encroûté, je romprai, flambeau, entr'acte, timbreur, enjoindre, trompette, prochain, complaire, lendemain, empourpré, tendresse, chanfrein, Africain, enchaîné, châtelain, renseigné.

SOIXANTE-DEUXIÈME LEÇON.

Septembre, engourdir, chevrotain, massepain, empreindre, assombrir, comprendre, impression, emprunteur, je troublai, grimpereau, scolopendre, chambranle, ensoufroir, serpenteau, embouchoir, assembleur, emmancheur, enfourneur, septentrion, restreindre, j'empreigne, j'enfreigne, contraindre, campagnarde, vraisemblable, transparente, impertinente, intempestif, pimprenelle, imprescriptible, contemporain.

2*

SOIXANTE-TROISIÈME LEÇON.

Phrases détachées.

Neuf est un nombre impair. La couleuvre est un reptil inoffensif. J'emplirai le seau. L'agate est transparente. Urbain aime la compote. Ma timbale est tombée. Pierre engraisse un cochon. Claire éteindra le flambeau. La trompette a retenti. L'estampe est encadrée. Je dirai le symbole par cœur. Ecorche la lamproie. Le chambranle est décloué. Le bateau sombra à l'embouchure du fleuve. Le champignon pousse vite. Le bambin a crevé son tambour. Ma fête tombera au seize novembre. Sylvain demeure à l'entresol. L'eau de la pompe est limpide. J'irai l'été prochain à la campagne. Le Simplon est une montagne. Le serpenteau a brûlé ma jupe de gaze. Mon couteau est semblable au vôtre. J'ai une belle perle d'ambre jaune. Ton manteau a peu d'ampleur.

SOIXANTE-QUATRIÈME LEÇON.

La scolopendre est un vilain insecte. La fourmi entraîne un grain de blé. Un vaisseau africain a paru sur la côte. Olympe reteindra son voile noir. Le moineau tremble pour sa vie. Urbain peindra un grimpereau. La campanule a la forme d'une clochette. Maman arrive demain. Eustache a vendu le regain de son pré. Il s'est fracturé un membre. Crépin agrandira la botte avec l'embouchoir. J'ai la jambe engourdie. J'aime le refrain de votre chanson. Je transplanterai mon sainfoin d'Espagne. Je mettrai sur la salade de la pimprenelle et de l'estragon. J'emplirai ton seau. Le manche de son ombrelle est une branche de bambou. L'étain est un métal. L'étaim est une laine fine. Sa fortune est augmentée du double. Mon parrain partira pour Lyon à la mi-septembre. La bombe est un projectile. La pauvre petite mendiante demande du pain ; elle a faim. Clémentine ira en pension ; elle y apprendra la peinture.

SOIXANTE-CINQUIÈME LEÇON.

Articulations équivalentes.

s	c	c	c	c	cs	fr	sf
ç	k	K	qu	Qu	x	phr	sph

Articulations mélées.

Ph k x qu ç sph phr x ph qu ç

phr ph k X Qu Sph ç Ph K Phr

SOIXANTE-SIXIÈME LEÇON.

ka, ki, ko, ky, ça, çu, xé, xi, xe, qua,
phi, phe, çon, qué, kin, xon, çan, phé, çai,
phy, xa, pha, quo, çoi, que, qui, phin,
quen, pho, quin, queu, phon, qu'au, sphé,
phre, quan, phan, qu'un, phry, quai, phré,
quoi, lix, ker, nix, quar, phos, ques, qu'il,
phyr, phal, quis, phar, quel, phil, rynx,
phis, lynx, queur, sphinx.

SOIXANTE-SEPTIÈME LEÇON.

Taxé, Saxon, nymphe, Félix, moqueur, Koran, façade, aperçu, Kermès, phénix, siphon, garçon, sphère, zéphyr, Nankin, quinze, Phryné, question, dauphin, syntaxe, reçoive, philtre, tronqué, kiosque, pourquoi, esquisse, sophiste, nénuphar, amphibie, kamichi, tronçon, perçante, zoophyte, quatorze, pharynx, balançai, amphore, eflanqué, phosphore, symphonie, kilomètre, fréquenté, quarteron, triomphal, maquerau, quelqu'un, marquante, remarquai, liquoriste, quelconque, équinoxial, triomphante, sténographe, lymphatique, charançon.

SOIXANTE-HUITIÈME LEÇON.

Phrases détachées.

Le charançon est un insecte ailé. Une sphère est une boule. Le serein tombe le soir. Le zéphir va enfin rafraîchir l'air. Quelqu'un frappe. Le cœur lui a manqué. L'Espagne est une presqu'île. L'armée d'Afrique est revenue triomphante. Philippe a blessé un daim. Stéphanie joue une symphonie. La troupe va faire la manœuvre. L'essieu est l'axe de la roue. Juliette est instruite quoique jeune. J'emporte une queue de morue. J'achèterai un bouquin sur le quai. Myrza dessine une fleur de nénuphar. Alphonse étudie la syntaxe. Soutire ton vin avec le siphon. Le chasseur a aperçu un chevrotain. La façade du château est magnifique. Sophie déteste l'odeur du camphre. Un kiosque s'élève au milieu du jardin. On a salé le tronçon de lamproie.

SOIXANTE-NEUVIÈME LEÇON.

Un zoophyte est un animal-plante. Le phoque est amphibie. Votre garçon est brusque et impoli. Le saltimbanque est vêtu en arlequin. Le baigneur a un caleçon nankin. Marion vide le maquereau. Un typographe est un imprimeur. J'ai répondu à la question. Je saurai pourquoi Félix a manqué l'école. Eudoxie esquisse un blaireau. Le vainqueur est monté sur un char. Le brutal éreinte sa bourrique. Le maquignon a un cheval efflanqué. Il faudra que ta sœur sache sa leçon. Zélie a marqué son mouchoir. Je vivrai tranquille à la campagne. On tire du kermès une couleur écarlate. Le safran est une plante. Il a conçu un soupçon sur son domestique. La mer est menaçante. La coloquinte est amère. Le liquoriste m'a vendu une liqueur stomachique. J'apprendrai la sténographie. Alphonse restera à la ville jusqu'au quatorze novembre.

SOIXANTE-DIXIÈME LEÇON.

Articulations triples.

scr   spl   str

Scribe, scruté, strié, stras, scrutin, stricte, strophe, strasse, structure, scrofule, splen-

deur, scrupule, scripteur, splendide, stra-
bite, splénique, scrofulaire, stratifié, stra-
bisme, scrutateur.

SOIXANTE-ONZIÈME LEÇON.

Valeur accidentelle du c *et du* g.

ce, ci, cy, cé, cin, cen, cei, ceu, cem,
cim, cyn, cis, cein, cym, cel, cir, cep,
cid, cer, ces, cil, cet, cif, ceur.
ge, gi, gy, gé, gel, gin, geu, gem, gim,
gen, gir, ges, gil, ger, gis, gyp, geur.

Mots.

Ceci, ciel, gage, beige, rougir, certain,
germoir, cymbale, Egypte, Germain, plon-
geur, pourceau, noirceur, cerveau, jam-
bage, accepté, succédé, suggéré, décembre,
gendarme, certaine, gynécée, syzygie, pha-
lange, gimblette, bourcette, digestion,
enregistré, quinconce, ceinturon, fréquence,
causticité, abstinence, religion, quittance,

stratégie, baccifère, chauffage, pharmacie, cinquante, éclaircir, géographe, gingembre, jouvenceau, souffrance, assemblage, accidentel, transparence, excroissance, spécifique, circonstance, cylindrique, sphéricité, plombagine, accointance, effervescence.

SOIXANTE-DOUZIÈME LEÇON.

Valeur accidentelle du s.

Use, ose, aise, Oise, base, raisin, saisir, crise, chaise, yeuse, blouse, besoin, faisan, clause, braise, ciseau, cloison, plaisir, église, berceuse, physique, anglaise, ouvreuse, affreuse, macreuse, pleureuse, fournaise, plausible, studieuse, française, moqueuse, transposé, trompeuse, scabieuse, diocésain, turquoise, studieuse, chartreuse, philosophe, poudreuse, emprunteuse, stygmatisé, graisseuse, Champenoise, appointeuse, montagneuse, scandaleuse, scrofuleuse.

SOIXANTE-TREIZIÈME LEÇON.

Phrases détachées.

La promenade est plantée en quinconce. Le cygne est un oiseau nageur. La turquoise est une pierre bleue. Le gendarme a poursuivi le voleur. La bourcette est une espèce de salade. Cette scabieuse a besoin d'eau. Germain a sorti ce beau faisan de sa gibecière. Cette demoiselle montre une grande douceur. Désiré a vendu une macreuse et une sarcelle. La barque a regagné le rivage. Le maçon a démoli la cloison. La neige a une forme étoilée. Sylvie fera la cuisine en l'absence de sa mère. La mariée a une ceinture moirée. Louise a mangé une fraise et une frambroise. Le pourceau creuse la terre avec son groin. La grange a été incendiée par le feu du ciel. La religion juive précéda la nôtre. Le Nil arrose l'Egypte et la fertilise. La cervelle de veau est d'une facile digestion. Joseph a brisé son cerceau et déchiré sa blouse. J'aime le parfum de la rose et celui de la tubéreuse. Le kamichi est un oiseau d'Amérique.

SOIXANTE-QUATORZIÈME LEÇON.

Du G suivi d'une voyelle muette.

Il neigea, je forgeai, Liégeoise, rougeole, nageoire, bougeoir, il mangea, bourgeon, il plongea, égrugeoir, bourgeoise, obligeance, je chargeai, escourgeon, guide, guérir, gueule, bague, dogue, guerre, sanguin, languir, guignon, droguiste, longueur, guinguette, je briguai, prodigué, subjugua.

Phrases détachées.

L'esturgeon est un poisson. On vendangea la semaine dernière. La guenon est la femelle du singe. La religieuse porte une guimpe. Cécile pince de la guitare. Ce champignon est à peine mangeable. Je prendrai la longueur et la largeur du bureau. Joseph greffe le sauvageon. Je peindrai cette guirlande autour du tableau. Sa domestique est une villageoise. Ta guêtre te gêne. La guimauve est adoucissante. Je mangeai le plongeon.

SOIXANTE-QUINZIÈME LEÇON.

Du L mouillé.

Ail, bail, mail, éveil, vieil, treuil, fenouil, paille, caille, treille, oseille, feuille, rouille, fouille, mitraille, bouteille, andouille, vermeille, citrouille, pavillon, tillac, guilloché, tilleul, bille, fille, quille, grille, vrille, étrille, lentille, faucille, guenille, mouillage, pillage.

Phrases détachées.

L'oiseau gazouille. La grenouille coasse. L'ail est vermifuge. L'Andalouse porte une mantille. Le corail est rouge. Le cerfeuil se mangé en salade. Le chevreuil a franchi la charmille. L'anguille écorchée se tortille encore. Angélique travaille pour soutenir sa famille. Guillaume a été piqué par une abeille ou une guêpe. La jeune fille effeuille une marguerite. La patrouille veille à la tranquillité de la ville. L'écureuil grimpe au fauteuil de papa.

SOIXANTE-SEIZIÈME LEÇON.

Voyelles suivies de mm, *de* nn, *ou de* mn, — en *final.*

Gamme, comme, flamme, gomme, annonce, pommeau, immense, immeuble, rien, chien, combien, sienne, tienne, étrenne, somme, gramme, bannir, sonnette, femme, ennui, ennobli, automne, ennemi, immersion, emmanché, emmené, condamné, solennel, Cyprien, maintien, immondice, ancienne, Algérienne, opticien, physicien, emmailloté, emprisonné, comprenne, paroissien, pharmacien, pommeau, sommaire, poltronne, commun, entonnoir, mannequin.

SOIXANTE-DIX-SEPTIÈME LEÇON.

Phrases détachées.

Julien chante la gamme. Adrienne emmaillotte sa poupée. Mon écheveau de soie est emmêlé. Ton bougeoir de cuivre rouge brille bien. Respecte le sommeil de cette pauvre femme. Votre institutrice est une jeune Parisienne. Le chirurgien a coupé la jambe du malade. Ma chienne a attrapé un lapin de garenne et un pigeonneau. Je garde l'anneau d'or de ma mère. Lorsqu'il saura lire, il apprendra la grammaire et la géographie. Avec un livre j'ai de quoi fuir l'ennui. L'âme est immortelle. Cyprien mangea une grosse boule de gomme. L'armée ennemie a été vaincue. On a placé un mannequin au milieu du jardin. Ma pupille porte le deuil d'une ancienne amie. Le chien emporta un kilogramme de bœuf. Sébastien pèle une pomme de rambour. Julienne a saisi le papillon par une aile. La valencienne est une espèce de dentelle. Étienne étrille le poitrail du poulain. Le tonnerre a écrasé une cheminée. Ambroise va remplir la bouteille avec l'entonnoir.

SOIXANTE-DIX-HUITIÈME LEÇON.

Valeur accidentelle du t et du x.

Ration, potion, caution, action, position, option, fiction, partial, essentiel, captieuse, facétie, minutie, argutie, inertie, Gratien, pétiole, Saxe, texte, mixte, index, vexé, exil, exact, excessif, excepté, six, dix, soixante, deuxième, sixième, dixième, Egyptien, Vénitien, prophétie, impéritie, balbutie, initial, partiel, factieuse, Mexique, extraire, réflexion, examen, exercice, exemple, excité, exaucé, jonction, solution, mention, création, ambition, attention, discrétion, patience.

SOIXANTE-DIX-NEUVIÈME LEÇON.

Phrases détachées.

Martial fera sa première communion l'an prochain. Ecoute avec attention la leçon de ton maître. La troupe commence l'exercice. L'automne a été pluvieuse. J'ai été le sixième à la composition. Cette gelée de groseille est exquise. Le jeune couple a reçu la bénédiction nuptiale. L'Exode est le deuxième livre de la Bible. J'exige que ma fille montre de l'application. Le Seigneur a exaucé mon vœu. Alexandre se prépare à l'examen. Maxime a reçu une excellente éducation. La lettre initiale d'un mot est celle qui commence. La rentrée aura lieu du dix au quinze. La prophétie s'est accomplie. L'élection du nouveau maire aura lieu demain. L'inctruction est un bien inappréciable. Son obligeance m'a causé un plaisir extrême. Quel bon exemple à suivre! La patience est le courage de la vertu. Gratien

QUATRE-VINGT-SIXIÈME LEÇON.

Je viens, tu sors, il tond, je vaux, tu couds, il peint, je joins, tu cours, on guérit, nous tournons, vous essuyez, ils tiennent, nous groupons, vous habillez, elles surfont, nous égrugeons, vous bronchez, ils plaignent, je déguerpis, tu voyages, elle éclaircit, j'exigeais, tu fatiguais, il octroyait, j'actionnais, tu chargeais, il gazouillait, nous sommions, vous sillonniez, ils menaçaient, nous franchissions, vous blanchissiez, ils conjuguaient, nous valûmes, vous houspillâtes, ils esquissèrent, tu analyseras, nous jouerons, vous estomperez, ils stipuleront, tu philosopheras, nous statuerons, vous immolerez, elles acquerront, tu sympathiseras, combats, distinguons, étrennez, transmets, effeuillons, illustrez, crains, immergeons, prodiguez.

QUATRE-VINGT-SEPTIÈME LEÇON.

Je mets, tu meurs, il perd, j'écris, tu reçois, il soumet, je rends, tu manques, elle court, nous habitons, vous bronchez, ils apprennent, j'endommageais, tu débrouillais, il haranguait, je requiers, tu contrains, il acquiert, nous soupçonnons, vous indemnisez, ils trinquent, nous bronzions, vous tyrannisiez, ils peignaient, nous surveillions, vous manquiez, ils soustrayaient, je prévins, tu abreuvas, il noircit, je répondis, tu manœuvras, elle meurtrit, je refroidis, tu haussas, elle fourbit, nous agenouillâmes, vous prophétisâtes, ils scandalisèrent, nous restreignîmes, vous implorâtes, ils illustrèrent, nous hasarderons, vous enfreindrez, ils sanctionneront, nous emmènerons, vous stimulerez, ils exploiteront, vous ponctuerez, nous empreindrons, ils stationneront, emmagasine, empruntons, actionnez.

FIN.

du cheval. Henri pêche à l'hameçon; il s'impatiente de ne rien prendre. Le Seigneur protégea le peuple hébreu contre l'armée égyptienne. Théophile a une épingle de chrysocale. Le héron mange une grenouille. Le rhinocéros a la peau épaisse.

QUATRE-VINGT-DEUXIÈME LEÇON.

Lettres muettes.

Ban*c*, por*c*, lon*g*, san*g*, fon*d*, bor*d*, pie*d*, ni*d*, lar*d*, dra*p*, tro*p*, cam*p*, lou*p*, se*p*t, gri*s*, ba*s*, mai*s*, trè*s*, bra*s*, dan*s*, nou*s*, cha*t*, tro*t*, toi*t*, pla*t*, lai*t*, ar*t*, gan*t*, mor*t*, dou*x*, noi*x*, pai*x*, fi*l*s, deu*x*, ne*z*, che*z*, blan*c*, fran*c*, taba*c*, quan*d*, gran*d*, blon*d*, fusi*l*, outi*l*, galo*p*, cham*p*, moin*s*, frai*s*, repo*s*, gile*t*, sabo*t*, habi*t*, peti*t*, plom*b*, haren*g*, hasar*d*, canar*d*, léopar*d*, persi*l*, genti*l*, sourci*l*, berge*r*, pêche*r*, foyer, jeûne*r*, payer, broyer, brille*r*, bâille*r*.

QUATRE-VINGT-TROISIÈME LEÇON.

Dehors, exquis, soldat, bonnet, corset, argent, départ, enfant, joyeux, perdrix, scène, scieur, schisme, science, sceptre, tablier, encrier, estomac, dernier, changer, veiller, quartier, laquais, pervers, secours, progrès, scorbut, abricot, respect, suspect, heureux, patient, aspect, pourtant, souvent, beaucoup, sanglier, ennuyer, emmener, étrenner, monsieur, vieillard, remords, épinards, volontiers, exempt, printemps, prompt, vingt, almanach, corps, dompté, paon, Jean, Saône, août.

QUATRE-VINGT-QUATRIÈME LEÇON.

Lettres muettes (*Suite*).

L'ami fidèle, les amis fidèles, un coin obs-cur, des coins obscurs, mon cousin germain, mes cousins germains, un musicien italien, des musiciens italiens, l'huître fraîche, des huîtres fraîches, un homme habile, des hommes habiles, un hôtel garni, des hôtels garnis, ton hareng salé, tes harengs salés, la femme obligeante, les femmes obligeantes, le beau château, les beaux châteaux, un cheveu blanc, des cheveux blancs, un oiseau bleu, des oiseaux bleus, un vœu solennel, des vœux solennels, le premier rang, les premiers rangs, ton haricot vert, tes haricots verts, son artichaut cuit, ses artichauts cuits, le maréchal ferrant, les maréchaux ferrants, un cheval dompté, des chevaux domptés, ce travail pénible, ces travaux pénibles, un général français, des généraux français, un produit partiel, des produits partiels, mon grand pommier, mes grands pommiers, le pied chaud, les pieds chauds, un climat méridional, des climats méridionaux, un étang poissonneux, des étangs poissonneux, un bœuf maigre, plusieurs bœufs maigres, un petit œuf, vingt petits œufs, un nerf délicat, des nerfs délicats.

QUATRE-VINGT-CINQUIÈME LEÇON.

Lettres muettes (*Suite*).

Je suis, tu veux, il veut, je lis, tu joues, il bat, il faut, je bats, tu pries, on rend, nous voyons, vous courbez, elles disent, nous aimons, vous rangez, ils marchent, nous plaçons, vous habitez, elles chantent, je teignais, tu broyais, il pleuvait, j'essayais, tu chargeais, on plongeait, je conduisais, tu effrayais, il ennuyait, nous scrutions, vous trembliez, ils sortaient, nous trompions, vous spéculiez, elles croyaient, nous syllabions, vous paralysiez, ils mangeaient, j'acquis, tu huilas, on rompit, je languis, tu heurtas, elle connut, je fleuris, tu pétillas, il obtint, nous échaudâmes, vous aperçûtes, ils broutèrent, nous pointâmes, vous brillâtes, ils explorèrent, nous hébergeâmes, vous fronçâtes, elles souscrivirent.

a ébourgeonné l'arbuste. Adrienne a rendu
une pleine corbeille d'ouvrage. Pour la moin-
dre chose, Marianne va se plaindre à sa mère.

QUATRE – VINGTIÈME LEÇON.

De l'*y* (i grec) et de l'*h* (ache).

Moyen, payeur, crayon, tuyau, ennuyé,
citoyen, frayeur, voyelle, aloyau, essuyé,
voyageur, octroyé, bégayé, doyen, giboyeuse,
paysan, Ha, Hé, Ho, Ah, Eh, thym, Rhin,
thon, thé, hélas, Rhône, Henri, thème, hiver,
hardi, hameau, humeur, menthe, chlore,
hymne, bonheur, rhume, hibou, humble,
herbe, théâtral, hébreu, houille, homme,
thermal, Christ, absinthe, malheur, honneur,
synchronique, lithographe, théocratie, hon-
groyeur.

QUATRE-VINGT-UNIÈME LEÇON.

Phrases détachées.

Le voyageur a besoin de guide. On s'enrhume à l'humidité. Ramène le troupeau au bercail. La jacinthe est une fleur printanière. Le hérisson se roule pour se défendre. L'agneau broute l'herbe fleurie. L'Evangile renferme l'histoire du Sauveur. On a chanté aujourd'hui une hymne de Santeuil. L'honnête homme est estimé. L'hiver est une saison bien ennuyeuse. Le thé facilite la digestion. Henriette a mérité l'affection de sa maîtresse. L'humilité est une vertu chrétienne. Ce christ est l'œuvre d'un habile artiste. Herminie aime le parfum de la jonquille. Le Rhône submergea la prairie. Ce hoche-queue empaillé enrichira ma collection. Cet ivrogne mourra à l'hôpital. J'ai emprunté un canif, et j'ai taillé mon crayon. Une haie de chèvrefeuille entoure son jardin. Dieu créa l'homme le sixième jour. Claude a nettoyé la mangeoire

OUVRAGES DU MÊME AUTEUR

En vente à la même Librairie.

Tableaux de Lecture applicables à tous les modes d'enseignement. — 2ᵉ édition, revue et améliorée. — Prix de 38 tableaux de lecture. 2 fr. 50 c.

Secondes Leçons de Lectures, présentant, sous la forme la plus élémentaire, une foule de notions utiles, et contenant un nombre immense de mots dont la connaissance est indispensable pour l'intelligence du français. Un volume in-12, prix, cartonné. 75 c.

Petit Livre de Lecture courante. Un volume in-12. 2ᵉ édition, cartonné. 70 c.

Premières Leçons de Grammaire française avec des modèles d'analyse grammaticale. — 8ᵉ édition. Un vol. in-12, prix, broché. 60 c.
Cartonné. 75 c.

Premières Leçons d'Arithmétique avec des problèmes et de nombreux exercices de calcul. — 5ᵉ édition. Un volume in-12, prix, broché. 80 c.
Cartonné. 95 c.

Premières Leçons de Musique vocale. Un volume in-8°, prix, broché. 1 fr. 75 c.
Cartonné. 2 fr.

Premiers Exercices, ou *Choix de compositions graduées*, à l'usage des écoles et des maisons d'éducation ; par un professeur agrégé de l'Université. — 2ᵉ édition. Un fort volume in-12. Cartonné. 3 fr.

Le Livre de Lecture *des Écoles élémentaires et supérieures*, contenant des traits propres à former le cœur de la jeunesse, des notions utiles écrites dans un style simple et clair, et de beaux morceaux extraits des meilleurs auteurs, avec des notes historiques, géographiques, etc. — 3ᵉ édition, augmentée. Un volume in-12, prix, cartonné. 1 fr. 25 c.

On trouve aussi à la Librairie de L. Giraud :

Les publications pour les salles d'asile, l'instruction primaire, l'instruction secondaire et l'instruction supérieure. Un choix très-complet de livres pour étrennes et distributions de prix.

Le matériel des Écoles, le papier, les plumes, etc.; les instruments pour l'arpentage, les étuis de mathématiques, etc.

Les Classiques français et étrangers, et en général tout ce qui se rattache à l'enseignement.